Brest

Bretagne

à Paris

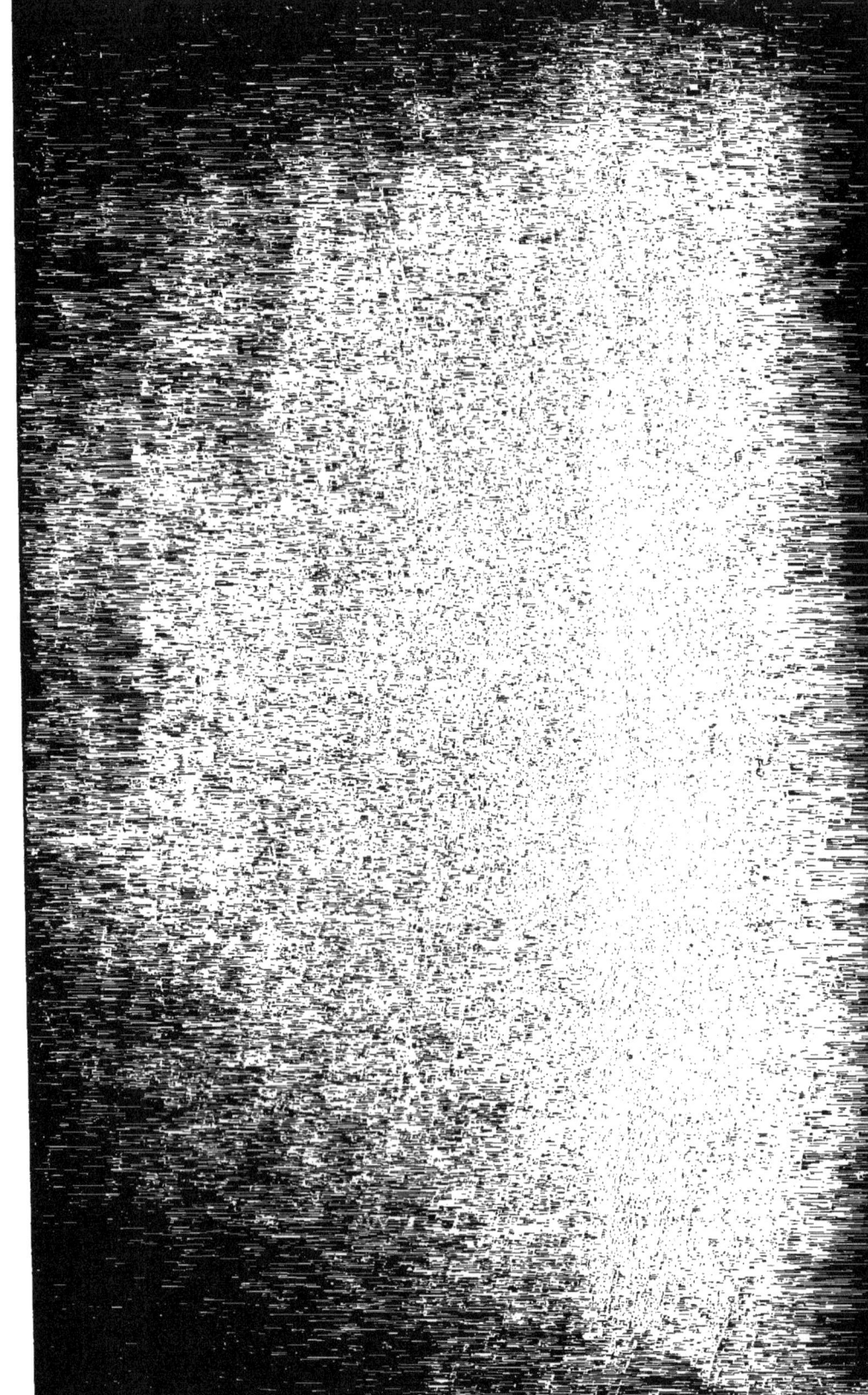

P. LÉON
DE L'ORDRE DES FRÈRES-MINEURS CAPUCINS

ÉPAVES!...

La Bretagne à Paris

Imprimatur :

A. R. P. TIMOTHEUS A PODIO LUPERII
Min. Prov.

Parisiis, 29 Junii 1897.

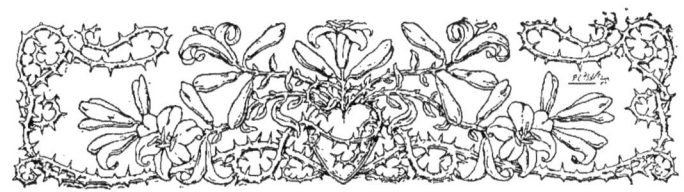

MESDAMES,
MESSIEURS,

L'illustre P. Faber se pose, au cours d'un de ses plus beaux ouvrages, cette question de profonde théologie : « A qui doit-on, dans la prière, donner la préférence : aux âmes du Purgatoire ou aux pauvres pécheurs de ce monde? »

Il énumère alors avec complaisance, il dépeint avec une poésie ravissante : les grandeurs, les beautés, les souffrances des âmes exilées loin du ciel, dans leur prison de feu. Nobles et resplendissantes captives!... ne les oublions pas.

Mais, avant tout, pensons aux pauvres pécheurs : Celles-là sont sauvées; ceux-ci peuvent encore se perdre. Le P. Faber court au plus pressé : il laisse Dieu mettre la dernière main à l'épuration des âmes sûres de leur paradis. Lui s'occupe de préférence à sauver les pécheurs exposés au naufrage.

MESSIEURS,

En acceptant de prendre aujourd'hui la parole dans votre assemblée générale, à l'occasion de la Saint-Yves, je me suis demandé à mon tour si je devais vous entretenir de notre illustre et populaire Patron d'Arvor, ou de nos infortunés compatriotes de Paris?

Dire saint Yves, ne serait-ce point évoquer, dans le cadre

pittoresque du moyen âge, la Bretagne et la France : « la petite et la grande patrie » de nos cœurs?

Le manoir de Kermartin, l'école presbytérale de Pleubian, les Universités de Paris et d'Orléans, la vieille église de Louannec, la belle cathédrale de Tréguier : cadre grandiose, riches souvenirs! Ne serait-ce pas offrir à votre admiration l'avocat « grand justicier », le tertiaire franciscain, dont la devise familiale exprime si bien la mâle vertu : « A tout dix! (1) » ou le « saint prêtre de Dieu : *Belek zantel Doue* »?

Ils ont raison, Messieurs, les pèlerins chanteurs des Pardons de l'antique Trécor : « *Ne neuz ket enn Breiz evel sant Ervoan* : Saint Yves est le saint hors pair de la Bretagne. » Son tombeau est le plus beau de la terre : *Ker kaer hag he ve ne neuz ket unan* (2).

Laissons donc au ciel les Melaine, les Félix, les Corentin, les Brieuc, les Tugdual, les Guénolé s'incliner aujourd'hui devant la gloire de son front nimbé d'or. Laissons là-bas les Bretons célébrer, dans un naïf enthousiasme, les vertus de celui qui, par ses miracles, rappelle saint Martin, le thaumaturge des Gaules, et fait pressentir le grand vulgarisateur français de la charité : saint Vincent de Paul.

« Monseigneur saint Yves » n'a pas besoin de mes faibles louanges. J'aime donc mieux plaider devant vous, sous les auspices de votre saint Patron, la cause de ses clients, vos frères malheureux émigrés à Paris. Je préfère vous parler de la Bretagne et des Bretons.

I. — **Les Bretons en Bretagne.**
II. — **Les Bretons à Paris.**

---

1. En tout et toujours les dix commandements! Ou encore : En tout dix fois plus que les autres.
2. Chant des *Trois fléaux* :
   Il n'est pas en Bretagne comme saint Yves,
   Aussi beau que sa tombe, il n'est pas une.

I

Les Bretons en Bretagne.

En Bretagne, la religion a tout pénétré de son souffle : traditions, langue, costumes ; la religion a tout surmonté de sa croix : rocs escarpés, menhirs et dolmens des landes, pittoresques cimetières, vieilles églises de granit. C'est de toutes les âmes, c'est de tous les échos mêmes de cette terre exceptionnellement religieuse que monte le refrain populaire :

> O sainte Anne, ô Mère chérie,
> Garde au cœur des Bretons la foi des anciens jours.
> Entends du haut du ciel le cri de la patrie :
> Catholique et Breton toujours.

En Bretagne, l'homme est chrétien deux fois. « Nous sommes la terre des rochers et des chênes, écrivait Jules Simon, mais nous sommes aussi la terre des cœurs de chêne. »

Nulle part la foi n'a jeté de plus profondes racines : foi vivace, que les siècles ont fortifiée dans les âmes par le culte des autels et des foyers, toujours fraternellement aimés ; foi courageuse indestructiblement debout malgré tous les assauts, malgré toutes les révolutions.

Les Malouins ont nommé l'une de leurs tours d'un nom pittoresque : *Quiquengrogne!*

Oui ; Qui qu'en grogne : l'Anglais, la tempête, les années... ainsi sera, je demeure immobile.

Telle la foi de Bretagne : Qui qu'en grogne : les Druides, les Normands, les Huguenots, les Bleus ; elle a résisté à tout ; c'est une foi de granit : foi naïve et traditionnelle, mélancolique et austère, fleurie de légendes et de souvenirs d'une étrange saveur ; foi conquérante des âmes comme l'ajonc épineux aux clochettes d'or est envahisseur des landes et des rochers. Partout s'exhale son parfum sauvage, partout s'épanouit sa poétique simplicité. L'imagination populaire revêt souvent les faits authentiques d'un brillant réseau de détails pleins de charme ; mais, dans ces vieilles histoires qui se racontent aux premières nuits d'hiver, sous le manteau des hautes cheminées à bavolet de serge, remarquez toujours la prédominance de l'élément religieux.

Les apôtres ont abordé ces rivages, venus de loin dans des auges de pierre, moitié berceaux, moitié cercueils. On montre ici les rocs où s'appuyait leur tête au sommeil, où s'enfonçaient leurs genoux en prière ; les torrents qu'ils traversaient, sans mouiller ni leurs pieds ni leurs vêtements ; les fontaines jaillies miraculeusement à leur voix ; là, ce clocher à fine dentelure, hardiment lancé dans les airs, fut bâti par « Messire Satanas » lui-même.

Mettez-vous à genoux sur ce sable, au bord de cette baie, prêtez l'oreille contre les flots : n'entendez-vous pas les carillons sous-marins d'Is la submergée, la ville ingrate et sourde à la voix des amis de Dieu ?

Dans cette grotte a vécu saint Cadoc. Sur cette montagne, ou dans cette forêt, saint Gildas ou saint Guénolé ont bâti leurs monastères.

Ici, Kériolet a rougi le sol du sang de son héroïque pénitence. Là, Nicolazic a vu ses bœufs s'arrêter devant la statue de sainte Anne.

Dans toutes ces chapelles, aux crucifix saignants, aux Madones pensives, — oratoires champêtres égrenés à travers les sables, les bois, les prés, — de vieux saints ont conversé avec les anges, ont lutté avec le démon. Les dalles sont usées de ces pauvres sanctuaires, tant les pèlerins ont touché la pierre de leurs lèvres ou de leurs genoux. Le temps a mis sur tout la patine des siècles ; mais, toujours, à ces humbles autels des cierges sont allumés ; toujours de minables mendiants, le rosaire aux doigts, sont assis à la porte, fredonnant des *Ave Maria!*

Le ménestrel de Cornouaille chantait jadis aux accords de la harpe d'un barde mutilé : « Les Franks lui ont coupé la langue, mais il a toujours un cœur, un cœur et une main pour décocher la flèche de la mélodie. »

Allez aujourd'hui, Messieurs, à Sainte-Anne d'Auray, comme à Notre-Dame du Folgoët ou à Rumengol, aux pardons, aux foires, aux marchés, dans la cour de la ferme, au seuil du manoir, à l'entrée des champs, au carrefour des villages : partout les mendiants bretons demandent l'aumône au nom du bon Dieu : « Ils ont toujours un cœur, un cœur et une main pour décocher la flèche de la prière mélodieuse. » Au jour des noces, ils prient pour les époux ; ils leur souhaitent toutes sortes de prospérités : « Autant d'enfants qu'il y a de grillons au foyer, autant d'années que les patriarches, et le paradis après leur mort. » Au jour des funérailles, ils prient pour les trépassés.

« Il est très remarquable, dit le vicomte de la Villemarqué, dans son Introduction des *Barzaz-Breiz,* que, méprisés ailleurs et le rebut de la société, ces gens soient honorés en Bretagne, et presque l'objet d'un culte affectueux ; cette commisération toute chrétienne emploie les formes les plus naïves et les plus tendres dans les dénominations qu'elle leur donne ; on les appelle : *bons pauvres, chers pauvres, pauvrets, pauvres chéris,* ou simplement *chéris ;* quelquefois on les désigne sous le nom *d'amis* ou de *frères du bon Dieu.* »

O foi de Bretagne, foi des anciens jours ! foi vieille comme la misère (la misère est vieille comme le monde !), foi immortelle comme la Religion, forte et courageuse comme l'amour ! Comment le Breton ne serait-il pas, au pays d'Arvor, l'homme d'une foi vivante ? Là, tout le porte à Dieu : la *nature* et l'*histoire,* la *famille* et la *religion.*

— Laboureur ou marin, il est en face de l'infini du ciel ou de l'infini de la mer ; son cœur se dilate dans la contemplation de l'immensité, tandis que sa mâle poitrine boit l'air pur, chargé de sels réconfortants, ou de l'arome des pommiers et des genêts en fleurs.

Le paysan conduit ses bœufs au labour, en faisant sa prière du matin, ce pendant que le carillon des cloches lointaines mêle ses perles aux aubades pieuses de l'alouette, aux roulades brillantes du rossignol : Heure sacrée des jours de soleil, où la terre d'Arvor revêt le luxe de ses beautés austères et charmantes tout à la fois.

Dans ce cadre matinal, qu'elle est donc magnifique la Bretagne : avec son Océan constellé de voiles blanches, aux roches frangées d'écume, déchiquetées par le flot, noircies par la foudre ! ses ruisseaux babillards et coureurs à travers les vertes oseraies ou les granits moussus; ses champs odorants de blé noir; ses prairies ombragées de pommiers; ses moissons de lin, de trèfle et d'avoine, où la brise met soudain des frissons d'azur, de pourpre et d'or; ses bruyères roses; ses frais vallons; ses gorges profondes... quel ravissant mélange de grâce et d'austérité ! Spectacles sublimes et sanctifiants qui ne coûtent rien : *spectacula magna, gratuita et sancta* (1); horizons sans bornes où l'âme se recueille, et d'instinct, débordant ce monde fini, va, s'élance, pleine de tristesse et de soupirs, vers une « Bretagne plus haute et meilleure ».

— Au milieu des magnificences de la nature, partout l'histoire sème, avec une rare prodigalité, ses monuments, ses souvenirs : indestructibles témoins de la foi, de l'honneur, du courage de nos aïeux.

Pierres « sonnantes et branlantes », qui retentirent du bruit des armes et des cantiques des « pardons »; forteresses féodales aux créneaux desquelles semblent encore se pencher ces antiques chevaliers, bardés dans la croyance aussi bien que dans la valeur la dague au poing, criant aux mécréants : « Hors d'ici, de par Monseigneur saint Yves ! »

Cathédrales aux jubés ciselés, ajourés comme de fines dentelles, aux tombeaux blasonnés et fleurdelisés; lits antiques, où dorment les statues royales et ducales, une torche de pierre dans la main, avec des levrettes à leurs pieds.

Calvaires de granit bleu, tout peuplés de statues; dalles des monastères sous lesquelles reposent les cendres des héros et des saints; ossuaires aux fenêtres grillées, vastes reliquaires; « champs mystérieux des martyrs ».

O Bretagne ! ô Bretagne ! que de ruines sacrées par les siècles; que de vestiges immortels de la vaillance et de la foi de tes enfants ! Par ces chemins creux passèrent les fils d'Arvor :

1. Tertullien.

les Beaumanoir, les Cadoudal, les Tinténiac, « tous ceux dont le pied était vif comme l'œil ; tous ceux qui avaient sucé le lait d'une Bretonne, un lait plus sain que du vin vieux (1) ».

Devant ces croix, devant ces autels, s'agenouillèrent tous ces amants passionnés de la liberté, toujours rebelles au joug des conquérants (2).

« Corps de fer, cœurs d'acier », disait Napoléon, ces chrétiens intrépides s'engageaient par serment à ne jamais montrer à l'ennemi, sur le champ de bataille, le « Saint-Sacrement » qu'ils portaient dans le dos, brodé en soie sur leur veste au gancé de velours. « Face au feu ! l'âme à Dieu ! »

Aux heures du rêve, le paysan breton croit encore entendre, dans le vent qui passe, ou dans la vague qui mugit, le cri de guerre qui, depuis douze cents ans, réveille les preux d'Armorique : « On ne meurt jamais trop tôt, quand on meurt pour le devoir et pour la liberté. » Ou ce chant patriotique du soldat chrétien : « S'il faut combattre, je combattrai ; je combattrai pour le pays ; s'il faut mourir, je mourrai ; je mourrai libre et joyeux. Je n'ai pas peur des balles : elles ne tueront pas mon âme (3). » Ou les paroles sublimes des chouans, tombés aux mains des conventionnels : « Guillotinez-nous donc bien vite pour que nous ressuscitions dans trois jours ! (4) »

Le Breton croit à Dieu, à la patrie, à l'honneur, à la liberté. Pour ces grandes choses, son cœur garde des échos toujours prêts à vibrer, des lèvres toujours prêtes à chanter, une main toujours prête à frapper. L'histoire des aïeux, partant la sienne, est écrite dans toutes les pierres de la Bretagne ; et le vent qui courbe les blés réveille toujours dans son âme les souvenirs de « la guerre des géants ».

« Le trait caractéristique de la race bretonne à tous ses degrés, écrit Renan (un Breton, hélas !), est l'idéalisme, la poursuite d'une fin morale ou intellectuelle... toujours désintéressée.

---

1. Chants populaires de la Bretagne, *Ann Alarc'h*.
2. *Semper contumax regibus*. (Cité par d'Argentré : *Histoire de Bretagne*, p. 87.)
3. Chants populaires de la Bretagne, *Ar-re-C'hlaz*.
4. Rapport de Camille Desmoulins, *Histoire des Brissotins*, p. 60.

Jamais race ne fut plus impropre à l'industrie, au commerce. On obtient tout d'elle par le sentiment de l'honneur ; l'occupation noble est à ses yeux celle par laquelle on ne gagne rien, par exemple celle du soldat, celle du marin, celle du prêtre, celle du vrai gentilhomme, qui ne tire de sa terre que le fruit convenu par l'usage, sans chercher à l'augmenter (1). »

Ailleurs, il s'écrie : « Ne riez pas de nous autres Celtes : nous ne ferons pas de Parthénon, le marbre nous manque ; mais nous savons prendre à poignée le cœur et l'âme. »

Oui, c'est vrai, nous savons saisir notre vie palpitante pour la livrer au service de ces reines augustes du monde : la Justice et la Vérité.

« A ma vie ! » c'est la devise de la Bretagne. Franche, courageuse, persévérante, opiniâtre, l'âme bretonne l'a toujours été : « A ma vie », dans l'honneur, le travail, la pauvreté ; « à ma vie », dans l'héroïsme et le martyre !

Sa fidélité est à l'épreuve du temps ; elle est sortie victorieuse d'une expérience cent fois répétée. On peut la briser : la courber jamais !

La Convention avait ordonné aux décorés de l'ancien régime de remettre entre les mains du gouvernement leurs distinctions honorifiques :

Le brave Le Mang de Kervignac se rendit devant le Comité public, avec sa médaille et un marteau : « Citoyens, dit-il, vous m'avez demandé ma médaille ; c'est sans doute l'or que vous voulez : le voilà ! » Et broyant la pièce sous son marteau, il la jeta aux pieds des conventionnels. « Quant à l'honneur, il m'appartient ; personne ne me l'enlèvera ! » En prononçant ces mots, il sortit, laissant le Comité stupéfait de cette sublime audace.

Les Bretons sont toujours la race aux longs cheveux.
Que rien ne peut dompter quand elle a dit : « Je veux ! »

« Nous ne sommes ni de ceux qui se lassent, ni de ceux qui reculent (2). »

1. Renan, *Souvenirs d'enfance,* ch. XI.
2. Anatole Leroy-Beaulieu, *Réforme sociale* (16 février 1897).

Dans le Breton, la foi domine toutes les qualités ; elle les imprègne, elle les consacre. Mais d'où part cette foi robuste ; où donc est caché le trésor de ces convictions chrétiennes, si tenaces, qu'elles impriment au Breton un cachet inamissible ?

La nature et l'histoire entretiennent l'élément religieux dans l'âme bretonne : la famille et l'église l'y ont déposé. Le Breton est chrétien, parce qu'il est avant tout l'homme du foyer et de l'autel.

— Pauvres et chers foyers de Bretagne !

Crucifix séculaires, protecteurs du sommeil ; icones primitives des saints d'autrefois ; images aimées de « Dame Marie » et de sainte Anne, « Marraine d'Arvor », devant lesquelles chaque jour se fait, à genoux, la prière en commun ; rosaire aux grains noircis par l'usage, souvenirs durables des Maunoir, des Montfort et des Le Noblez : chaînes mystérieuses des mœurs ; fleurs simples des lèvres orantes et des cœurs pieusement attendris !

Pauvres et chers foyers de Bretagne !

Pierre sacrée de la famille ; nid des amours, des tristesses, des joies, dans lequel il fait bon vivre, et presque aussi bon mourir : *in nidulo meo moriar*.

Rouets et quenouilles des grand'mères ; antiques bahuts de chêne ; lits à deux étages, enveloppés de rideaux, ou fermés comme des armoires ; vaisselle rustique et peinte, suspendue aux murailles ; table massive où fume dans l'écuelle la soupe blanche, où pétille dans le « hanap » le cidre « jaune comme de l'or ».

Pauvres et chers foyers de Bretagne !

Toits de chaume, vieux puits, granges embaumées des senteurs de foin ; aire durcie, où toute la semaine battent en cadence les fléaux ; retentissante le dimanche, à la vesprée, des sons du biniou et de la bombarde, du bruit des sabots danseurs, des gais éclats de rire.

Pauvres et chers foyers de Bretagne !

Comment redire le charme sacré que vous exercez sur les âmes ; l'irrésistible parfum de vertu, de paix, de bonheur, qui se dégage de vos humbles pierres? ô vous qui avez vu venir tant de berceaux et s'en aller tant de cercueils.

Vous êtes de chaume, mais vous faites les cœurs d'or.
« Tyer plouz ha kalounou aour. »

Loin de vous, le Breton n'existe qu'à moitié; loin de vous, souvent il languit et meurt de tristesse.

« Allaz ! ar Vretoned zo leun a velkoni ! »

Mais là-bas, sous son ciel brumeux, au sein de ses bruyères, n'eût-il qu'une cabane couverte de genêts; n'eût-il qu'un verger ou courtil, avec un peu de chanvre pour s'habiller, et un peu d'herbe pour nourrir sa vache, joyeux, rude à l'ouvrage, il travaille en chantant : « C'est mon roc, c'est ma pierre ; ici je pose solidement mon pied ; c'est mon champ, c'est mon droit ; ce sont mes enfants que Dieu m'a donnés. Je les nourris de mon pain ; ils dorment sous mon toit.

O libre, libre pauvreté ! héritage de mes pères ; je vous défendrai avec courage, comme la prunelle de mes yeux.

Oui, libre je suis né ; tranquille je veux dormir.

Et libre j'ai grandi, et libre je veux mourir (1). »

— Entre le foyer et l'église tient toute sa vie. Le paysan breton est avant tout chrétien : de là son admirable résignation.

« Cette vertu se montre dans tous les circonstances de sa vie. Sa chaumière est-elle la proie des flammes? il ne pleure point, il n'éclate point en cris; il ne maudit personne ; il incline la tête et dit tristement comme Job : « Que la volonté de Dieu « soit faite ! » Puis, quand il ne reste plus de sa cabane que les quatre murs, il va mendier de porte en porte, en chantant parfois lui-même son malheur, quelque argent pour la rebâtir. Cette résignation le suit jusqu'au lit de mort ; il quitte sans regret une vie misérable qu'il a prise en patience, pour mériter le ciel (2). »

— Jamais dans ses amours, le Breton ne sépare l'autel du

---

1. Chant populaire du canton suisse des Grisons. Le laboureur breton peut le redire en toute vérité.
2. Notes des *Barzaz-Breiz*, 7ᵉ édition, p. 366.

foyer; le « *pro aris et focis* » est indivisible pour lui. Son histoire nationale, douze fois séculaire, n'est que la lutte soutenue pour assurer cette double indépendance. Mais l'amour de la religion domine, dans le cœur celtique, celui de la patrie; volontiers il s'approprierait cette vieille devise si chrétienne : « *Non solum, sed cœlum!* le ciel, non la terre. » Or l'église ne le rapproche-t-elle pas du ciel; ne lui en montre-t-elle pas le chemin? ne lui en présage-t-elle pas les joies? Aussi qui dira sa tendresse filiale, son respect, sa dévotion pour tout ce qui s'y rattache?

D'aussi loin qu'il aperçoit « le clocher à jour », surmonté du coq symbolique, il ôte son large chapeau et se signe dévotement.

Le sacerdoce en Bretagne est une sorte de royauté. Le Breton a le culte de la paternité des âmes : il aime ses prêtres avec une vénération touchante. Le « Recteur (1) » lui rend au centuple, en un dévouement toujours jeune, ces sentiments de filiale confiance. Fidèles et clergé ont prié, lutté, souffert ensemble pour la patrie et pour la religion ; ensemble ils ont porté sur l'échafaud leur tête rayonnante.

On ne rompt pas aisément un faisceau de services réciproques, qui s'est trouvé plus fort que la mort même. Depuis douze cents ans, cette alliance survit à tout ; elle n'est pas près de se briser.

La parole du « Recteur » sonne quelquefois dure comme le granit ; mieux que personne il connaît les tendances de la race :

> But em cuz evet eur poudad ;
> Tankerru ! hen-nez a oa mad :
> Evel gwin-ar-dan ar gwellou !
> Hag en deuz groet vad d'am c'halon !
> Ar sistr dous-ze a oa ker mad !
> Mem befe evet dek poudad ! (2)

---

1. Nom du curé en Bretagne.
2. Oui, j'ai bu un pot de cidre, feu et flamme! Qu'il était bon : Comme le meilleur vin de feu, et qu'il m'a fait de bien au cœur! Ce cidre était si bon; j'en aurais bu dix pots.

Mieux que personne, « retranché dans les mœurs nationales comme dans sa presqu'île, défendu par sa langue et par son caractère », le « Recteur » breton fait entendre la vérité à ses ouailles. On l'accepte de lui ; car il est l'ami de toutes les familles ; il est l'hôte respecté de tous les foyers ; le confident de tous les intérêts ; le chef religieux aux yeux bleus du Celte, aux cheveux blancs du père qui maintient les bonnes coutumes du pays.

Avez-vous vu les grands *pardons* de Bretagne ? ces fêtes populaires et chrétiennes où fidèles et prêtres fraternisent dans les croyances vénérables, dans les traditions sacrées d'un passé toujours renaissant ?

Au lever du jour tant désiré, les chemins se couvrent de bandes joyeuses de pèlerins, groupés autour de la croix et des bannières paroissiales, Recteurs en tête : théorie pittoresque se déroulant à travers champs, sous bois, au bord des flots grondeurs, ondulante, au souffle des cantiques et des litanies chantées à deux chœurs par les femmes et par les hommes ; dans le cliquetis des rosaires chargés de médailles, déroulés tout au long ; dans le bruissement léger des coiffes qui battent de l'aile au vent de mer ; dans la bigarrure éclatante des vestes bleues, noires ou violettes et des braies blanches, des gilets brodés et soutachés de soies multicolores, des larges chapeaux enrubannés, des guêtres jaunes ou vertes de certains cantons.

Éveillées soudain dans leur tour séculaire, les cloches annoncent en de joyeuses volées l'arrivée des « paroisses ». Les croix et les vieux saints se saluent en s'inclinant au moment de pénétrer dans l'église. La foi réunit toutes les âmes au pied des autels resplendissants de mille feux. L'encens fume. Avec l'accent des différents dialectes, le *Credo* jaillit, de toutes ces mâles poitrines, vibrant comme le chant des bardes antiques.

De fraternelles agapes réunissent dans les prairies voisines ces Bretons de tout terroir, de tout âge, de toute condition. Des jeux, des luttes, des danses rustiques terminent la fête.

O pardons de Bretagne, pieuses et gaies assemblées, qui

pourraient s'appeler « des synodes privilégiés de fraternité et d'union ! »

Telle est la Bretagne ; tel est le Breton, sur la terre de sainte Anne et de saint Yves !

Ah ! pourquoi ne puis-je rester devant la vision bienfaisante de ces autels et de ces foyers ensoleillés par la religion des siècles ? Pourquoi la Bretagne nous jette-t-elle le cri désolé de Rachel : « Ne m'appelez plus *Noëmi*, la beauté ; appelez-moi *Mara*, l'amertume! »

Oui, terre sacrée, terre de granit et de chênes, patrie des fortes âmes et des nobles traditions, vous êtes aujourd'hui abandonnée et désolée : *Jerusalem deserta facta est.*

Arrêtons nos regards sur ce tableau attristant ; il en coûte, mais il le faut pour avoir une étude complète de la Bretagne.

II

Les Bretons à Paris.

Dans les vieux chants du barde Gwenc'hlan, l'agriculteur s'en va de pays en pays ; pauvre, triste, aveugle, assis sur une haridelle des montagnes que son jeune fils conduit par la bride. Il cherche un champ à cultiver ; il veut une bonne terre : « Mon fils, demande-t-il, vois-tu verdir le trèfle, ou jaunir le froment ? — Je ne vois que la digitale fleurie, répond l'enfant. — Alors, allons plus loin », reprend le vieillard.

Voilà, Messieurs, la réalité qui dépeuple la Bretagne. Voilà le mot d'une migration navrante, chaque année plus accentuée, qui a jeté déjà sur le pavé de Paris, timides, dépaysés, mal préparés à la vie des grands centres manufacturiers, 80.000 de nos compatriotes !

Aller plus loin : c'est fuir du côté du soleil et de la moderne civilisation, se porter vers de plus larges salaires, vers le bien-être de la vie.

Aller plus loin : c'est abandonner cette vieille terre rocheuse, entamée par les voies ferrées, appauvrie par la suppression des industries locales, avare de ses moissons ; quitter cette mère-patrie où la « bourse est aussi vide d'argent que le cœur est plein d'amour ».

Aller plus loin : c'est affronter l'inconnu, pour le relèvement de l'aisance familiale, ou pour la facilité du pain quotidien.

Ah ! pauvres gens de Bretagne, avez-vous bien calculé et pesé les aléas redoutables de cette migration ? Sans doute ce voyage à la « conquête du pain » vous semble imposé par les transformations de notre société contemporaine. Jamais, assurément, le paysan n'a senti plus durement qu'aujourd'hui « le labeur de vivre », « la lutte pour l'existence ».

Mais avez-vous bien mûri votre projet ? Avez-vous soumis « aux anciens du pays » votre aventureuse résolution ? Avez-vous pris conseil de votre « Recteur » ?

Savez-vous tout ce que Paris vous réserve de peines, de désenchantements, d'angoisses, de désespoirs ?

Hélas ! non ; ils ne le savent point. L'illusion sonne au village le coup de cloche du départ. Ils émigrent sur la foi du rêve, et le rêve est trompeur.

« Il a entendu dire, — le pauvre ! — au fond de sa Bretagne, que, dans la capitale, le gars parti du village l'année dernière gagnait dix francs par jour et quelquefois plus ! et depuis ce jour il ne dort plus ; les deux pièces de cinq francs dansent devant ses yeux et lui parlent de Paris. La tentation devient une hallucination et, après avoir résisté longtemps, un beau matin, toute la famille quitte la vieille maison tranquille au bord de la route, entasse le pauvre mobilier au chemin de fer et part pour la ville « où l'on gagne dix francs par jour et quelquefois plus ». La mère et les enfants sont tristes en voyant fuir au loin, parmi les peupliers, le clocher natal ; mais le père a enfoncé son chapeau d'un coup de poing, et ma foi ! ceci remplace bien des raisons.

On se rappellera longtemps l'arrivée à Paris, un soir, au milieu du brouhaha des voitures. On a couru la nuit à la recherche d'un hôtel pas cher ; on a couru le lendemain pour le logement ;

on a couru les jours suivants pour avoir du travail, « celui qui rapporte dix francs par jour ! »

Oh ! quel souvenir : ces courses sur le trottoir, dans le bruit de la foule ; ces attentes à la porte des ateliers pour voir « le pays » qui a dû parler pour nous ; ces premières stations forcées dans les cabarets ; et puis la rentrée, le soir, au cinquième, dans le logement sans air, loué 180 francs ; la femme reconnaissant le pas du mari, ouvrant la porte avant qu'il ne frappe, l'interrogeant avant qu'il ait pu s'asseoir, secouant la tête d'un air de doute au récit des promesses faites et des espérances données !...

Mettons les choses au mieux : la place est trouvée, mais le bonheur ne vient pas nécessairement avec elle. Vous avez oublié, pauvres gens, un proverbe de votre village : Un petit « chez soi » vaut mieux qu'un grand « chez les autres ».

Et maintenant, partout vous êtes chez les autres ; vous le sentirez d'ailleurs bientôt ; c'est une besogne dont chacun se chargera : le propriétaire qui vous a loué, les voisins qui vous entourent, le concierge qui vous surveille, le patron et le contremaître qui vous feront travailler.

Oh ! qui dira les larmes que Paris a fait couler, les déceptions qu'il a produites et les désespoirs dont il est responsable ? Allez le demander à nos petits Bretons de Clichy, de Levallois, de Saint-Ouen, qui s'étiolent dans les usines à gaz, dans les fabriques et les raffineries ; allez le demander aux Alsaciens et aux Lorrains de la Chapelle, de Belleville et de la Villette !

Paris, de loin, c'est la ville enchantée, où le travail rémunérateur est partout, où la vie est pour rien, où tout est pour le mieux dans le meilleur des mondes. De près, au contraire, c'est la lutte pour la vie dans ce qu'elle a de plus brutal ; c'est le travail débilitant des ateliers sans un coin de ciel bleu, sans une bouffée d'air pur ; c'est la vie factice où l'on se passe du nécessaire pour posséder le superflu ; où l'on ne distingue pas une ouvrière endimanchée d'une patricienne millionnaire ; où tout est vanité, illusion, mensonge.

« Petites gens de Bretagne, restez chez vous ! — Venir à Paris, c'est imiter le papillon qui vient brûler ses ailes à la flamme brillante qui aurait dû le réchauffer. Nos rues et nos boulevards ne remplaceront pas vos horizons lointains ; nos fêtes vous feraient mal, à vous qui êtes habitués aux grands silences de la nature, et les dix francs qu'on vous mettrait dans la main ne vous permettraient peut-être pas d'acheter les pommes de terre et le lait caillé dont vous vous contentez aujourd'hui (1). »

Oui, petites gens de Bretagne, restez chez vous : tous les terroirs ne conviennent pas également à tous les arbres ; les plantes demandent chacune une exposition appropriée ; le sol qui convient aux chênes n'est pas la patrie des palmiers, ni celle des oliviers. Le saule mourrait dans les sables du désert : il aime à mirer le retroussis argenté de son feuillage dans le courant des eaux vives. Le genêt et la bruyère se plaisent à couronner la pauvreté des landes. La rose et le lis réclament, au contraire, un humus plus fertile.

Déraciner les fleurs, n'est-ce pas souvent les flétrir ? Il en est ainsi des Bretons : les soustraire aux influences de l'air natal ; les éloigner du berceau granitique de leurs origines, du « clocher à jour », des « pardons », du « Recteur », de leur langue, de leurs traditions, de leurs costumes, de tout cet ensemble de vie nationale, à part, qui est la leur, c'est les appauvrir, les dépayser, les déraciner.

Les Bretons « laïcisés » ne sont plus des Bretons !

Les Bretons chez eux !
Les Bretons à Dieu !

Voilà les deux éléments générateurs de leur félicité sur la terre.

On a constaté chez les fils d'Arvor le goût des voyages, l'attirance des aventures, la tendance aux mélancolies du rêve :

Cœurs changeants, épris de voyages,
Les Bretons, ce peuple banni,
Se sont faits, comme leurs nuages,
Les pèlerins de l'infini (2).

1. La *Croix du dimanche*, 24 mai 1891.
2. Anatole le Braz.

Oui, mais les nuages ne se fixent pas, et les Bretons se fixent à Paris.

Ce n'est pas un plaisir qu'ils viennent prendre ; c'est une grosse partie qu'ils vont jouer : tout leur avenir qu'ils enchaînent dans l'inconnu sombre.

Hélas ! qu'elle est navrante l'histoire de la plupart des Bretons à Paris ! Quatre-vingt-dix sur cent ne trouvent aucune place. Habitués à la vie du labour ou de la pêche, n'ayant guère reçu, dans les écoles de leur bourg ou de leur village, que les éléments d'une instruction forcément rapide, très incomplète ; que voulez-vous, de bonne foi, que ces malheureux puissent trouver dans la capitale ? Les bureaux des administrations leur sont fermés ; les carrières dites « libérales » ne s'ouvrent aujourd'hui que devant les diplômés et les brevetés : elles sont depuis longtemps encombrées.

Les Bretons ne sont donc ni professeurs ni artistes ; quelques-uns sont employés ou marchands ; les autres n'ont d'autre ressource que la domesticité, avec ses sujétions, trop souvent avec ses dangers ; beaucoup, pour ne pas mourir de faim, sont obligés d'accepter, dans les usines et dans les manufactures, un travail presque toujours écrasant ; les corvées les plus pénibles leur sont d'ordinaire réservées. Traités comme des parias, en bêtes de somme, par des contre-maîtres sans entrailles ; exposés à cause de leur foi aux railleries, aux attaques haineuses de camarades incrédules et vicieux, combien, parmi ces Bretons dépaysés, abandonnent toute pratique religieuse ! Hommes de peine, dans toute la force du mot, ils finissent, courbés sur la machine ou sur l'outil d'une brutale industrie, par ne plus songer à relever vers le ciel leur front trempé d'âcres sueurs. Adieu les saints offices du dimanche ; adieu la prière du foyer ; adieu les traditions pieuses de la mère-patrie. Trop souvent, avec la coiffe bretonne, les jeunes filles et les femmes laissent de côté les chastes et pudiques vertus. Inexpérimentées et naïves, elles tombent lamentablement dans les pièges de cette corruption vénale qui a ses agences, ses éclaireurs, ses actionnaires : « la traite des blanches ».

En quittant la veste brodée de velours, uniforme de vaillance et de religion, pour la blouse banale des faubouriens, les hommes rejettent la mâle fierté, l'austérité des mœurs, le culte sacré des amours ancestrales : je veux dire le respect des vieillards, des femmes, des prêtres ; le respect du foyer et de l'autel. Hélas ! si facilement le Breton émigré subit l'influence du mal et des mauvais !

Plus perfide, plus désastreux qu'au pays armoricain, l'alcoolisme le guette au sortir des raffineries et des usines à gaz. Les estaminets, les cafés-concerts l'arrêtent, après « la paye », le samedi soir. L'eau de feu, la liqueur intoxicante brûle et noie la délicatesse, l'honnêteté de ses sentiments chrétiens, ruine sa santé, inocule fatalement à son âme le dégoût du travail et de la vie en famille. Le défaut d'une nourriture substantielle se surajoutant à cette ébriété chronique, le Breton en arrive à une dégénérescence rapide de ses forces. « Le Breton pauvre, dit M. l'abbé Thoz, meurt généralement vers l'âge de trente-cinq à quarante-cinq ans. »

O verdeur automnale, jeunesse octogénaire des vieux Celtes, frères des chênes immortels, qu'êtes-vous devenues ? L'eau de la fontaine et le pain de seigle avaient donné là-bas à ces paysans des muscles de fer : la campagne en eût fait la race forte comme ses rochers, chaste comme ses hermines, mystique comme ses chapelles : honneur et réserve de la France. Avec sa misère, son travail de forçats, ses vices immondes, Paris les a réduits à n'être plus que des malades rachitiques, pâles, usés prématurément : matière vile, condamnée aux manipulations de l'amphithéâtre !...

La religion du Breton s'incarne, à ses yeux, dans le clocher, dans le Recteur, dans les coutumes, dans la langue d'Arvor. Où donc trouvera-t-il, au milieu de la capitale, vestige de ces choses sacrées, chères à son enfance ? Les églises de la grande ville, immenses, luxueuses, aux prie-Dieu de velours, aux chaises armoriées, désorientent sa foi rustique. Jusqu'au pied de ces autels magnifiques, il se sent mal à l'aise. « Ce n'est pas là, dit-il, le bon Dieu de chez nous. »

Zélés peuvent être les prêtres de ces paroisses, grandes comme des cités de province; mais ils ne savent point son idiome; aucun de ces visages ne lui est familier. Les saints eux-mêmes, aussi bien que les fidèles, lui font l'effet d'étrangers ; et les deux vers de Brizeux, dans sa *Telen Arvor*, montent à ses lèvres en une plainte désolée :

> Oh! saints de mon pays, secourez-moi!
> Les saints de ce pays ne me connaissent pas (1).

En ces ambiances glaciales, la foi du Breton languit et se meurt. S'il avait, du moins, pour le réchauffer, l'atmosphère douce et sereine du foyer de famille! Mais pas plus la « chambre garnie » que la mansarde d'un sixième étage à Paris ne peut lui donner l'illusion de la ferme d'antan, accotée au bord des bois, si pittoresque en son pauvre toit de chaume, dans la fraîcheur des prairies, sous la rutilance de l'aurore, sous la pourpre dorée du déclin. — Là-bas tout parlait au cœur; tout, dans la nature ou dans la chère maison domestique, portait mystérieusement au rêve son âme religieuse, lui donnait la sainte nostalgie de l'au-delà.

Ici toutes les brutalités de la civilisation le rapetissent, le recroquevillent, le découragent, le désespèrent.

On s'élève spontanément à Dieu, au sein des grands silences de la campagne; une haie d'aubépine est pleine de rayons, de parfums, de battements d'ailes, d'émeraudes, de saphirs.

Mais que dit à l'âme contemplative du malheureux exilé la vue du macadam, des ruelles étroites, des taudits infects où il étouffe en été, où il gèle en hiver.

Est-ce donc là le foyer? Autrefois, lorsque, sa journée finie, laboureur chargé des instruments agraires, il reprenait le chemin de la cabane aimée où l'attendaient le sourire de sa femme et les baisers de ses enfants, il était heureux. L'étoile silencieuse qui se levait au firmament semblait moins belle à ses yeux que

1. Rapport de M. Pierre Laurent, p. 10.

la torche de résine, que la flamme de l'âtre fumeux, scintillant contre la vitre de son « home » champêtre.

« Là, pouvait-il murmurer avec le Prophète, là j'ai choisi de vivre, là je mourrai ! » — Il s'y rendait en chantant, en bénissant Dieu.

Mais qu'irait-il faire aujourd'hui dans cette misérable mansarde, perdue en un coin populeux de ce vaste Paris? Ni sa femme ni ses fils ne « l'espèrent ». Sa femme est encore à l'usine ou en journée; ses enfants sont dispersés au loin. Il est seul!... seul en face de lui-même, aux prises avec ce hideux industrianisme, qui fait sa vie si dure, et si amère la coupe de ses espoirs! Que si la femme et les enfants l'ont précédé dans cette chambre de location, où ils campent en étrangers, leur tristesse augmente la sienne. Toutes les angoisses de la misère imminente planent sur le tête à tête forcé du repas du soir : le froid d'un mutisme douloureux étreint les cœurs. La mal'aria de la désespérance anesthésie les plus opiniâtres vouloirs. A quoi bon lutter? Vivre est bien dur!... Il serait si facile d'en finir!... La misère pousse au désespoir; le désespoir ouvre la porte au suicide!...

La Société de la Bretagne, Messieurs, a compris les dangers sans nombre auxquels le courant d'une émigration fatale expose nos malheureux compatriotes.

Elle s'emploie, de toutes ses forces, au rapatriement des exilés. Elle s'intéresse, en outre, au sort des enfants de nos pauvres frères émigrés. Elle les place dans des orphelinats, dans des écoles professionnelles (1). Elle contribue au placement des Bretons qui ont quitté leur pays. Elle s'est assuré le concours de religieuses « bretonnantes », qui visitent à domicile les pauvres et les malades de la colonie d'Arvor. Elle ménage à nos chers Bretons déshérités, dépaysés, comme déracinés dans la capitale, des fêtes religieuses et fraternelles, qui rafraîchissent dans leur âme la « souvenance » de la mère-

---

1. Rosnardo près d'Auray; Saint-Michel-en-Priziac (Finistère).

patrie. On y chante les cantiques de Bretagne ; on y entend des prêtres au cœur d'or, mais à la langue de granit, tout comme les « Recteurs » de Cornouaille et du Léon.

Enfin, Messieurs, votre Société, — c'est le témoignage de votre intelligent et dévoué secrétaire (1), — « prétend représenter la Bretagne telle qu'elle est : la terre des nobles fiertés et des aspirations idéales, telle que les Parisiens eux-mêmes la chantent, la patrie des « cœurs forts comme leurs chênes, et « pieux comme leurs clochers ». Bretonne avant tout, elle fait appel au dévouement de tous les compatriotes, sans distinction d'opinion. » Dans sa « commisération ardente » pour le sort des malheureux émigrés, la croix en main, elle marche fière et vaillante vers ce noble but : rendre aux Bretons un peu de la Bretagne à Paris !

Vous connaissez, Messieurs, la touchante prière du simpliste du Folgoët : Salaün, le « pauvre fol du Bois » : *Salaün mangerait bien du pain : Ave Maria*. Tels étaient les seuls mots qu'il s'en allait répétant au seuil des chaumières et des castels d'Arvor.

Ce cri de détresse et de confiance, tous nos frères malheureux de Paris vous le jettent en ce moment : « Oui, Salaün mangerait bien du pain, s'il en avait ! »

Grâce à votre œuvre, il en aura, Messieurs.

Avec le « pain qui affermit la chair », le « pain de chez nous », Salaün mangera, dans sa joie reconnaissante, le pain de la lumière, de la consolation, de la charité, de la foi, de l'espérance, le pain qui rajeunit et réconforte les âmes !

Puissiez-vous réussir pleinement à lui donner l'illusion de la Bretagne à Paris !

1. Rapport de M. Pierre Laurent, p. 4.

P. LÉON,

DES FRÈRES-MINEURS CAPUCINS DE PARIS.

Paris. — J. Mersch, imp., 4er, Av. de Châtillon.

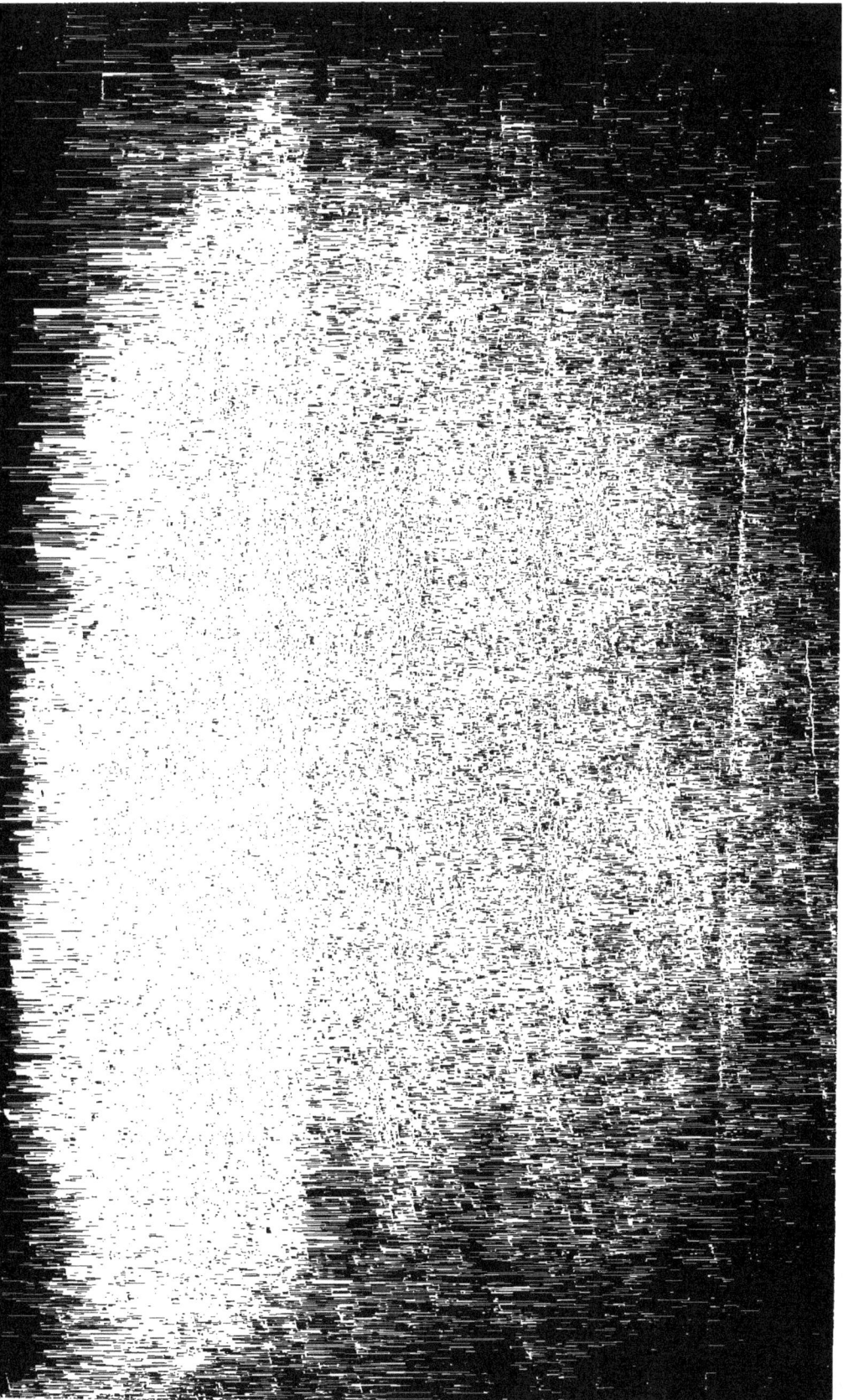

DU MÊME AUTEUR

B. Diégo de Cadix....................	1 fr. »
Saint Dominique.....................	0 fr. 50
Sainte Claire d'Assise	0 fr. 50
Notre-Dame des Flots (2ᵉ édition)........	0 fr. 50
La France, soldat de Dieu.............	0 fr. 50
Au soir du XIXᵉ siècle	0 fr. 50
Noël! Noël!!.....................	0 fr. 50
Les Triomphes de l'Amour............	0 fr. 50
L'Adieu...... (Conférences à Notre-Dame).	0 fr. 50
Seul!....... — —	0 fr. 50
Le Condamné.... — —	0 fr. 50
Face à la Croix! . — —	0 fr. 50
Les Larmes!..... — —	0 fr. 50
La Mère...... — —	0 fr. 50
Le Drame du Vendredi Saint — —	0 fr. 50
Toute belle........... (Mois de Marie).	0 fr. 50
Toute pure........ —	0 fr. 50
Toute fidèle........ —	0 fr. 50
Toute puissante...... —	0 fr. 50
Toute miséricordieuse..... —	0 fr. 50
De l'eau, des larmes, du sang...........	0 fr. 50

S'adresser à Mᵐᵉ LEBRUN, dépositaire, 42, rue Vavin, PARIS

Paris. — J. Mersch, imp., 4ᵇⁱˢ, Av. de Châtillon.

www.ingramcontent.com/pod-product-compliance
Lightning Source LLC
Chambersburg PA
CBHW060638050426
42451CB00012B/2661